BIBLIOTHÈQUE L. CURMER.

ENSEIGNEMENT UNIVERSEL.

COURS
DE
l'Athénée populaire du XIIe Arrondissement de Paris.

HISTOIRE DE FRANCE,

DEPUIS SES ORIGINES JUSQU'A SAINT-LOUIS
(période de croissance du moyen âge);

Par M. J. DEMOGEOT,

Agrégé à la Faculté des Lettres,
Professeur de Rhétorique au lycée Monge.

10 centimes.

PARIS,
CURMER,
49, AU PREMIER.

BIBLIOTHÈQUE L. CURMER.

ENSEIGNEMENT UNIVERSEL.

COURS

DE

l'Athénée populaire du XIIe Arrondissement de Paris.

HISTOIRE DE FRANCE,

DEPUIS SES ORIGINES JUSQU'A SAINT LOUIS
(période de croissance du moyen âge);

Par M. J. DEMOGEOT,

Agrégé à la Faculté des Lettres,
Professeur de Rhétorique au lycée Monge.

La République doit mettre à la portée de chacun l'instruction indispensable à tous les hommes.

(*Constitution de 1848.*)

PARIS.

LIBRAIRIE DE L. CURMER,
rue de Richelieu, 49, AU PREMIER.

1849

La Bibliothèque L. Curmer est destinée à enserrer dans un vaste réseau de publications *tout* ce qui touche à l'ENSEIGNEMENT UNIVERSEL, à l'ENSEIGNEMENT MORAL et à l'ENSEIGNEMENT ÉLÉMENTAIRE. Sous le premier titre, elle abordera toutes les questions qui dérivent de la Constitution ; sous le deuxième, elle comprendra une série d'histoires et de récits instructifs et amusants ; sous le troisième, elle donnera des notions de toutes les sciences.

Elle fait un appel à *l'intelligence,* en la conviant à répandre ses bienfaits sur tous ceux qui ont besoin d'apprendre ; à la *richesse*, en l'engageant à populariser ces petits écrits et à les distribuer avec la profusion qu'ils méritent par leur but et leur importance ; aux *travailleurs,* en leur offrant un moyen sûr et peu dispendieux d'acquérir sans peine toutes les connaissances qui forment l'homme et le citoyen.

Cette publication est placée sous le patronage de L'ENSEIGNEMENT, *association nationale et fraternelle pour la diffusion des lumières et l'émancipation intellectuelle*, qui compte parmi ses membres CENT VINGT REPRÉSENTANTS DU PEUPLE, et qui a pour but de répandre partout l'amour du pays, l'instruction et la paix.

Ces petites publications coûteront 10, 20, 30, 40 et 50 centimes, selon le nombre de feuilles de 32 pages, et celui des gravures qui serviront à l'explication du texte.

Paris. — Imprimerie de RIGNOUX, rue Monsieur-le-Prince, 29 *bis*.

HISTOIRE DE FRANCE.

(Leçon du 16 février 1849.)

Messieurs,

Dans un enseignement de quatre mois, pendant lequel j'ai été si puissamment soutenu par votre attention studieuse et par vos fraternelles sympathies, nous sommes arrivés à la fin du règne de saint Louis, c'est-à-dire à l'une de ces époques qui sont les étapes de l'histoire, à l'un de ces moments où le genre humain semble s'arrêter dans sa course comme pour se recueillir avant de s'élancer dans une nouvelle carrière. Arrêtons-nous avec lui et jetons sur la route déjà parcourue un de ces regards qui saisissent l'enchaînement des grands objets en négligeant les détails secondaires. Nos études précédentes ont eu pour but de vous faire comprendre les origines de notre histoire, celle que je vous propose aujourd'hui aura pour fruit de vous les faire retenir.

Le premier objet de nos observations a été la population primitive qui habitait anciennement le territoire de la France, nommée alors la Gaule. Sur un sol couvert généralement de hautes forêts et de marais stagnants, vivaient plusieurs races guerrières, dont la plus illustre était celle des Celtes ou Gaulois. C'étaient de grands corps blancs et blonds, des âmes audacieuses et intrépides ; irrésistibles dans l'attaque, peu capables d'une longue persévérance, toujours prompts à courir le monde pour chercher de la gloire et du butin, les Gaulois prétendaient ne craindre qu'une seule chose, la chute du ciel. Sur le sol même de la patrie, leurs belliqueuses tribus étaient sans cesse en guerre les unes contre les autres ; les Arvernes (Auvergnats), les Séquanes (Francs-Comtois), les Eduens (Autunois), les Helvétiens (Suisses), les Armoricains (Bas-Bretons), etc., ne purent jamais parvenir à former une seule nation. En vain le druidisme, religion terrible qui saisissait l'imagination des peuples par ses mystérieuses cérémonies et par ses sanglants sacrifices, essaya-t-il de donner à la Gaule l'unité d'une sévère théocratie ; la puissance des familles nobles, espèce d'aristocratie locale, analogue à celle des *clans* d'Écosse, fit échouer cette tentative, et la Gaule ne trouva pour la première fois l'unité de gouvernement qu'en perdant son indépendance.

Soixante ans avant l'ère chrétienne, presque toute la terre alors connue était au pouvoir de Rome ; le Capitole était comme un nid de vautours d'où s'élançaient des généraux, des proconsuls, avides ravageurs du monde. La Gaule était encore libre : un jeune Romain débauché, perdu de dettes et d'infamie, conçut le projet de la soumettre, pour la lancer comme une machine de guerre sur Rome elle-même, sa patrie, et sur l'empire, qu'il convoitait. En dix ans, cet homme prit par la force plus de huit cents villes gauloises, subjugua trois cents peuplades différentes, combattit contre trois millions de soldats, fit un million de captifs et un million de morts. Ce qui restait de Gaulois s'attachèrent à lui et devinrent ses meilleurs soldats. Son nom est demeuré un objet d'admiration pour les hommes, qui admirent ce qui les écrase, et quiconque aspire à devenir maître absolu de ses semblables se fait encore appeler, comme cet homme s'appelait, César.

La Gaule, soumise au joug de Rome, participa d'abord aux bienfaits d'une puissante organisation. D'immenses routes la sillonnèrent; des aqueducs, des monuments immortels l'embellirent; une législation savante et juste, une éducation élégante, portèrent dans toutes ses provinces une civilisation jusqu'alors inconnue. Mais bientôt, sous ces brillantes apparences, la plaie qui rongeait l'empire romain gagna la Gaule. Ce monde sans industrie, sans travail libre, qui ne vivait que des sueurs de ses esclaves, qui consommait sans cesse et ne savait pas produire, se mourait d'inanition. Les esclaves périssaient à la peine, la classe libre s'épuisait de misère et de vices. Tous invoquaient un remède héroïque aux souffrances d'une société expirante.

La Providence lui en réservait deux, l'un divin, l'autre terrible : le christianisme et les barbares; deux éléments qui pouvaient presque seuls suffire à refaire un monde. Le christianisme devait en être l'âme, les barbares lui apportaient un sang plus jeune et plus pur.

Toutefois ce n'est pas en vain que la domination romaine aura passé sur la Gaule. Partout où elle a mis le pied, Rome a laissé sur le sol une empreinte immortelle. Nous en retrouverons la trace dans les institutions municipales et dans le caractère de la royauté française ; c'est-à-dire que nous reconnaîtrons l'influence de Rome dans le pouvoir et dans la liberté, ces deux pôles de la vie politique d'un peuple.

Le christianisme apportait au monde, et spécialement à la Gaule, le contre-poison qui lui était le plus nécessaire. Sa doctrine était précisément la négation de l'esclavage. « Vous êtes tous frères, avait dit le Christ, et votre père est dans les cieux. » Parole sublime dont dix-huit siècles n'ont pas encore épuisé toutes les conséquences ! Le christianisme était la république dans le temple, de même que la glorieuse révolution française est le christianisme dans les institutions. La société gauloise, telle que Rome l'avait faite, pleine de vices et d'impuretés, n'était point capable d'entendre cette doctrine ; rien ne pouvait la régénérer. Les barbares vinrent, qui la brisèrent.

Quels étaient, Messieurs, ces barbares? Des Germains d'au delà du Rhin, qui, dans leurs immenses forêts, à l'abri de toutes les séductions d'une énervante prospérité, avaient conservé des vices et des vertus sauvages. Braves, chastes, fidèles à leur parole, ils apportèrent dans leur nouvelle patrie l'amour d'une fière indépendance, la conscience de la valeur personnelle, le dévouement loyal à l'homme qu'ils avaient choisi pour chef, enfin un sentiment dont les anciens avaient ignoré même le nom, et qui, chez les modernes, chez les Français surtout, a enfanté tant de prodiges, l'honneur! Tels étaient les Germains avant la conquête; tels ne parurent pas toujours les Francs de ce côté du Rhin. Le tumulte de l'invasion, la licence des camps, l'influence corruptrice de la victoire, ne laissèrent que trop dominer leurs tendances sauvages et sanguinaires. Ils s'avançaient par bandes peu nombreuses, pillant et brûlant tout ce qu'ils trouvaient sur leur passage. Longtemps les chefs des Francs campèrent dans la Gaule; ils n'y régnèrent pas. Ravager les campagnes, et, quand ils le pouvaient, les villes ; entasser les dépouilles dans une place forte ; dévorer en paix, pendant l'hiver et au milieu de leurs farouches compagnons, les fruits de leurs excursions de l'été : tel était le système de gouvernement des rois de la première race, des fils de Mérovée (Mérovingiens, 481-752). Le plus fort, le plus hardi de la royale famille attirait à lui, par l'espoir d'un plus riche butin, le plus grand nombre de leudes, de libres compagnons d'armes : c'étaient là son armée, son royaume. C'est ainsi qu'il succédait à son père. La trahison, la cruauté, venaient en aide à la bravoure. Clovis faisait assassiner tous les princes de sa race, pour ôter à ses fidèles l'embarras de l'élection. Deux de ses fils égorgeaient de leurs mains les deux enfants d'un troisième frère ; l'un d'eux brûlait vif son propre fils avec la femme et les enfants de ce malheureux. Deux femmes, Brunehaut et Frédégonde, remplissent ces temps affreux de leurs discordes, de leurs crimes et de leurs supplices.

Parmi ces convulsions sanglantes d'une société qui meurt, il est une classe d'hommes qui repose un peu nos regards fatigués

Histoire de France.

du spectacle de la barbarie. Le clergé joue alors un noble rôle : il se place entre les vainqueurs et les peuples conquis. Il s'arme des remords de ces princes sanguinaires, et oppose les terreurs de la foi à la terreur brutale du glaive. L'Église est alors le grand asile : c'est là que se réfugie tout ce qui veut vivre à peu près en paix. Les rois barbares donnent beaucoup aux monastères : ils croient racheter leurs crimes par leurs largesses, ils trouvent la dévotion plus commode que la vertu.

La barbarie s'énerve au milieu des jouissances de la civilisation : les Mérovingiens s'amollissent bientôt entre leurs moines et leurs maîtresses. Ils meurent presque tous adolescents. Ils sont pères à quinze ans et caducs à trente ; la plupart n'atteignent pas cet âge. « Dès lors commença le royaume de France à abaisser et à dechoir, et le roi à forligner (s'écarter) du sens et de la puissance de ses ancesseurs (prédécesseurs). Était le royaume gouverné par chambellans et par connetables qui étaient appelés *maires du palais;* et les rois n'avaient seulement que le nom, et à rien ne servaient hors à boire et à manger. En un chastel ou en un manoir, demeuraient toute l'année jusque au 1ᵉʳ mai. Lors sortaient hors en un char pour saluer le peuple et pour être salués d'eux, dons et présents prenaient et aucuns ne rendaient, puis retournaient à l'hôtel, et étaient ainsi jusqu'au 1ᵉʳ mai suivant. »

La nation franque, qui n'avait pas vieilli avec ses rois, surtout les Francs d'Austrasie, les plus voisins du Rhin et de la patrie primitive, prirent en dégoût de pareils monarques, et les virent dédaigneusement tomber du trône dans un cloître. Ils s'attachèrent à ces hommes forts qui avaient régné de fait sous les *rois fainéants*. La famille austrasienne de Pepin d'Héristal, maire du palais, était chère aux guerriers, parcequ'elle était brave, chère au clergé, dans lequel elle comptait plusieurs parents. Les Francs se donnèrent à elle, comme ils s'étaient donnés aux enfants de Mérovée, et se retrempèrent ainsi dans le courage de leurs ancêtres : l'avénement de la race *carlovingienne* fut une seconde couche de germanisme donnée au sol de la Gaule. Charles-Martel (714-741) commença l'illustration de cette famille; Pepin-le-Bref, son fils (752-768), lui donna la couronne, et son petit-fils Charlemagne (768-814), une immortelle gloire.

Le rôle providentiel de cette dynastie fut d'en finir avec les invasions barbares. Charles-Martel écrase les Arabes à Poitiers (732); Charlemagne fait vingt-huit expéditions contre les Saxons et autres barbares du Nord, dix-sept au Midi, contre les Lombards et les Sarrasins (de 772 à 813). Son infatigable génie est la grande digue qui arrête les fluctuations des peuples. Mais non content de ce rôle de résistance, Charlemagne veut le pousser jusqu'à la réaction. Il rêve la résurrection de l'empire romain dans l'Occident : lui-même, à Rome, dans la basilique de Saint-Pierre, se fait poser sur la tête la couronne d'or des anciens empereurs. Il entreprend de soumettre à une impossible unité toutes ces races diverses et incohérentes qui de l'Oder aux Pyrénées composent son immense domaine. Vains efforts! L'unité de gouvernement ne peut naître que de la ressemblance de mœurs, d'idées, de sentiments. Charlemagne voulut jeter l'Europe au moule créé par son génie : le moule trop étroit, malgré sa grandeur, éclata dans les faibles mains de ses enfants. Chaque nation ressaisit avec bonheur son indépendance sauvage. L'union, l'harmonie de tant de peuples devaient être le fruit des temps et non de la violence, le jeu naturel des forces vivantes de la civilisation, et non l'empreinte extérieure de la volonté d'un maître.

Ce n'était point un empire qu'il fallait alors créer, c'étaient des hommes. Il fallait adoucir la barbarie des vainqueurs, rendre aux vaincus le courage et les vertus viriles, propager l'instruction, répandre le christianisme, cette philosophie tout à la fois populaire et sublime. Charlemagne fit tout cela : il appela des hommes instruits de toutes les contrées de l'Europe, encouragea l'étude par ses récompenses, forma des écoles et des maîtres. Son règne fut une première renaissance.

Ce grand homme avait fait du clergé son instrument ; ses successeurs en devinrent les esclaves. Ils s'amollirent comme autrefois les Mérovingiens ; comme eux, ils tombèrent du trône sous le mépris public. Les comtes, les seigneurs chargés par les rois carlovingiens du commandement des provinces, rendirent leur pouvoir d'abord héréditaire puis indépendant. Cinquante ans après Charlemagne, ses États étaient démembrés en sept royaumes. La France elle-même, à la fin du ixe siècle, était subdivisée en vingt-neuf petits États, et, à la fin du xe, en cinquante-cinq, dont les gouverneurs, sous les noms de ducs, de comtes, de vicomtes, étaient devenus de véritables souverains.

Ainsi naissait la féodalité, seule forme de gouvernement qui répondît alors à l'état des intelligences et des mœurs. Les hommes avaient peu d'idées et des idées fort courtes, les relations sociales étaient rares et étroites. Tout gouvernement unique et étendu était impossible. Tout devint donc local, morcelé, immédiat dans l'administration. On effaça la distinction qui sépare la propriété de la souveraineté; chaque comte fut considéré comme propriétaire, et chaque propriétaire comme souverain dans son domaine. Il gouverna, il rendit la justice, il fit la guerre, il leva des impôts, c'est-à-dire qu'il pilla, brûla, pendit à son gré. Il semble qu'il dût en résulter un immense chaos, une épouvantable confusion. Cette conséquence n'éclata qu'à moitié. Une espèce d'ordre s'établit naturellement et par la force des choses. Ces propriétés également souveraines n'étaient pas également vastes. Les chefs les plus faibles eurent besoin de la protection des plus forts : ils leur *recommandèrent* leurs possessions ; ils se reconnurent leurs subordonnés, leurs vassaux, leurs *hommes ;* ils leur firent *hommage.* Les *aleux* ou propriétés indépendantes devinrent presque tous des *fiefs* ou possessions féodales, assujetties à certains devoirs, à certains services envers le propriétaire supérieur, qu'on nomma *suzerain.* L'état moral de la population noble gagna à cet établissement de la *féodalité.* L'honneur, la foi jurée, devint le seul lien social, et releva moralement les hommes qui s'y soumirent. Le sentiment de la valeur personnelle renaissait dans le cœur de ces fiers barons, qui, maîtres et rois dans leurs châteaux, assujettis à peine à quelques services réciproques envers leurs suzerains, ne voyaient que Dieu seul au-dessus de leur tête. La France se hérissa de forteresses, de tourelles, de remparts ; les hommes nobles vécurent toujours armés, toujours à cheval. Dans leur vie d'isolement, l'existence domestique augmenta son empire. Le rôle de la femme acquit plus d'importance, et préluda ainsi au développement remarquable qu'il devait atteindre dans nos sociétés modernes.

Le peuple, Messieurs, le pauvre peuple, si malheureux, si méprisé à cette déplorable époque, semble d'abord avoir peu gagné à l'établissement de la féodalité. Des esclaves, des serfs, tremblants dans leurs misérables cabanes, au pied de la forteresse où règne leur souverain maître, exposés à tous ses caprices, ne possédant que ce qu'il veut bien leur laisser, labourent pour lui, sèment pour lui, tandis qu'il guerroie contre les seigneurs voisins, nobles brigands comme lui-même. Si le voisin a l'avantage, il vient brûler leurs moissons et enlever leurs troupeaux ; si leur baron revient vainqueur, il ne prend pas tout à fait tout en une seule fois : c'est là l'unique différence. Cependant les seigneurs finirent par comprendre que le paysan avait besoin de vivre pour les nourrir : ils se mirent donc de temps en temps à protéger un peu leurs serfs, chose qui n'arrivait pas à l'époque d'anarchie universelle qui précéda la féodalité. Là les chiffres sont éloquents : ils vont nous montrer quel degré de bien-être résulta de l'introduction du gouvernement féodal. Pendant la durée des trois premiers règnes de la troisième dynastie, qui comprennent un espace de soixante-treize années, on compte quarante-huit ans de famines, dont trois furent si violentes que les hommes se dévorèrent les uns les autres. Sous les trois règnes suivants, pendant lesquels la féodalité avait jeté dans le sol français de plus profondes racines, il n'y eut dans l'espace de cent vingt ans que trente-trois années où le peuple mourut de faim, et deux seulement où des hommes mangèrent de la chair humaine. Telle est l'horrible situation qu'il nous faut appeler un progrès.

Cependant un homme osait concevoir un système de gouvernement non moins impossible, mais plus imposant et plus merveilleux que celui de Charlemagne. Un simple moine, Hildebrand, qui devint pape sous le nom de Grégoire VII, entreprend de soumettre le monde au clergé; le clergé au souverain pontife, d'organiser ainsi une immense monarchie sacerdotale, superbe pyramide de puissances dont l'humanité laïque serait la base, et le pape l'unique sommet. Chose admirable ! c'est au milieu du déchaînement de toutes les violences brutales de la féodalité, que ce grand homme rêve un despotisme qui n'aura d'autres armes que la conviction, d'autre puissance que l'opinion publique! Dans nos leçons, Messieurs, nous avons suivi avec un vif intérêt les diverses fortunes de cette grande entreprise; nous avons vu l'idée de Grégoire VII s'altérer sous ses successeurs, pour se rendre possible, se rétrécir pour vivre, lutter énergiquement contre les empereurs de l'Allemagne, en attendant qu'elle expire sous l'opposition d'un saint roi de France (1) et sous les outrages d'un despote, son petit-fils (2).

Sans réaliser le gigantesque projet de Grégoire VII, le clergé acquit au moyen âge l'influence la plus décisive. Dépositaire de tout ce qui restait alors de science, interprète des vérités morales, qui sont la vie de toute société, l'Église obtint une large place dans la société féodale. Les évêques, les abbés, se firent comtes et seigneurs; ils eurent des terres, des vassaux, des dîmes, et contractèrent ainsi les vices qui devaient

---

(1) Louis IX, dit saint Louis.
(2) Philippe IV, dit le Bel.

un jour ruiner même leur domination spirituelle.

A peine constituée au sein de la France, la féodalité donna des signes non équivoques de sa vitalité. Ces mêmes populations qui, quelques siècles auparavant, semblaient une proie abandonnée à toutes les hordes conquérantes, vont devenir conquérantes à leur tour. La France sent bouillonner dans son sein rajeuni une énergie guerrière, qu'elle s'empresse de répandre sur tous les champs de bataille. Les Normands, établis dans l'ancienne Neustrie, et devenus désormais des Français, forment notre aventureuse avant-garde. Ils s'en vont, pèlerins belliqueux, visiter les saints lieux, le bourdon à la main, le sabre au côté; en revenant de Jérusalem, quelques-uns de leurs pauvres chevaliers traversent l'Italie et la Sicile, et s'y font un royaume en passant (1016-1053). Leur duc, Guillaume le Bâtard, trouve plus près de lui sa Sicile; il passe la Manche, et en un seul combat se rend maître de l'Angleterre (1066). Ces conquêtes n'étaient que le prélude d'une entreprise plus héroïque, plus merveilleuse par sa conception, plus importante par ses conséquences : je veux parler des croisades.

Au sein de l'Asie, dans les déserts brûlants de l'Arabie, était née, l'an 622, une religion nouvelle créée par Mahomet. Ce grand homme avait arraché ses concitoyens à l'idolâtrie et leur avait fait une seule patrie avec un seul dieu. Pleins d'un religieux enthousiasme, les Arabes s'étaient élancés, le cimeterre en main, sur les pas du prophète ; ils avaient inondé de leurs hordes victorieuses la Perse, l'Égypte, l'Asie Mineure, l'Afrique, la Sicile, l'Espagne, le midi de la France, et s'étaient à peine arrêtés à Poitiers, devant la massue de Charles-Martel (732). Au xie siècle, le mahométisme était déjà sur son déclin : pareille aux femmes d'Asie, cette religion hâtive ne devait avoir que quelques jours de jeunesse ; imposante pour l'imagination, elle ne disait rien au cœur. Ce n'est pas le dieu des musulmans qui permettait au disciple bien-aimé de reposer sa tête sur son sein immortel ; ce n'est pas lui qui, mêlant sans cesse la terre au ciel, le temps à l'éternité, se versait, prodigue d'amour, au sein de la création, se faisait homme lui-même pour diviniser l'homme. Le dieu de Mahomet, sévère, inaccessible, enfermé dans son ciel d'airain, comme un sultan terrible, n'avait pour l'homme que de la puissance, pour le pécheur que de la justice. Entre l'Arabe et son dieu, comme entre le désert et le ciel qui le couvre, il y avait un abîme. Ce n'était pas là le dieu de l'humanité. La lutte entre les deux religions était inévitable. Mais dans le passé, Messieurs, l'histoire le prouve, les luttes de systèmes furent toujours des guerres d'hommes. Telle est la misère de l'humanité! les idées rivales n'argumentent que sur le champ de bataille. Nous avons suivi, Messieurs, le long pèlerinage de ces vagabonds héroïques qui, sous Pierre l'Ermite, allèrent semer de leurs ossements les champs de la Hongrie et de l'Asie Mineure ; nous avons applaudi à cette chevaleresque conquête de Jésusalem par Godefroi de Bouillon (1099). Nous avons vu avec orgueil l'Europe coalisée ne former qu'un seul peuple sous un général français. Les deux siècles suivants n'ont été qu'une longue croisade, où se précipitait tout ce que l'Occident avait de princes, de rois illustres. A ce caractère, nous avons reconnu la nécessité fatale de ces entreprises non moins politiques que religieuses, et nous avons répété avec les croisés : Dieu le veut !

Dieu voulait en effet, Messieurs, que l'Europe et l'Asie, ces deux sœurs destinées à s'embrasser un jour, commençassent à se connaître, dussent-elles d'abord se combattre. Dès la troisième croisade, chrétiens et musulmans ont cessé de se haïr : le fanatisme mourut dans ces guerres excitées par le zèle religieux.—Dieu voulait convier l'Europe encore barbare au spectacle merveilleux d'une civilisation plus brillante, élargir les esprits par l'étonnement et l'admiration. — Les croisés revinrent l'imagination remplie de ce qu'ils avaient vu ; des voyageurs ignorés portèrent et rapportèrent de l'un à l'autre monde les arts les plus précieux, les connaissances les plus utiles. Le commerce, l'industrie, prirent alors naissance. La féodalité même devint moins oppressive. Les seigneurs commencèrent à voir des hommes dans ces chrétiens sans noms, leurs braves compagnons d'armes. Les campagnes de France respirèrent, délivrées pour un temps de la présence de leurs oppresseurs, dont l'humeur belliqueuse avait trouvé un objet lointain. Enfin l'affaiblissement, la ruine des comtes et vassaux secondaires, favorisèrent les progrès bienfaisants d'un pouvoir dont nous n'avons pas encore parlé aujourd'hui, et dont il est temps que nous rappelions la naissance et les accroissements.

Jusqu'ici nous ne nous sommes pas occupés de la royauté capétienne : nous avons fait ce que faisait la France. En effet, les grands vassaux contemporains de Hugues Capet (987) lui avaient donné la couronne pour l'arracher au dernier Carlovingien : ils avaient fait un roi dans l'espérance de n'avoir pas de maître. Hugues était brave, actif, habile ; mais sa position fut plus forte que lui. Après comme avant son couronnement, il ne fut guère que le comte de Paris. Ses successeurs, Robert (996), Henri Ier (1031), Philippe Ier (1060), eurent un caractère aussi nul que l'exigeait leur rôle. Leur insignifiance même faisait tolérer par les seigneurs le nom de roi, destiné à une si haute fortune. Ce titre, qui, sur leurs têtes, ne faisait ombrage à personne, vieillissait cependant et acquérait ainsi la consécration du temps. C'est quelquefois une chose bien importante qu'un nom. Celui de roi réveillait alors des souvenirs précieux. On savait d'une manière vague qu'un roi doit être un magistrat suprême, un arbitre souverain, un protecteur de l'ordre public. Quiconque était opprimé, dans cette société si oppressive, s'habitua à tourner les yeux vers les fils de Capet, qui, par bonheur pour eux, portaient ce nom d'abord sans réalité. On leur créa un pouvoir en le leur supposant. L'influence morale attachée à leur titre leur attira peu à peu la puissance. Ce fut sous Louis VI, dit le Gros (1108), et sous l'administration de Suger, que cette idée de la royauté se forma dans les esprits : dès lors commence à apparaître, au milieu des luttes égoïstes des grands vassaux, une autorité centrale dont le caractère est de maintenir ou de rétablir la paix publique. Le roi se pose dès lors comme le grand juge de paix du pays.

Le fils de Louis VI, Louis VII, dit le Jeune (1137), recueillit le fruit de l'activité et de la sagesse de son père : un mariage heureux lui donna en dot l'Aquitaine et le Poitou. C'était mettre la force à côté du titre, c'était le faire véritablement roi. Ce prince faible et inintelligent perdit cet avantage par un divorce; sa femme Éléonore alla porter ce riche domaine à son second époux, Henri Plantagenet, qui devint roi d'Angleterre.

Philippe II, dit *Auguste* (1180), répara en partie cette faute à force d'habileté et de ruse. Il profita d'un crime de Jean, roi d'Angleterre, pour confisquer la Normandie, la Touraine et l'Anjou. En même temps, l'Eglise travaillait à son insu à la formation du royaume de France, en détruisant la nationalité provençale par la sanglante croisade des Albigeois.

Louis IX, saint Louis (1226), avança plus que tous ses prédécesseurs l'agrandissement de la royauté. Son seul artifice fut de n'en avoir aucun, sa politique fut d'être honnête homme. Nourri dans tous les préjugés de son siècle, il sut s'élever au-dessus d'eux par le seul instinct de sa conscience; sa vertu fit tout son génie. La réputation de son désintéressement et de sa justice le rendit l'arbitre des peuples et des rois. Les grands vassaux se soumirent sans honte à un homme qui semblait la réalisation vivante de la raison et de l'équité. Il ruina la féodalité en croyant n'en attaquer que les abus, et accrut l'autorité du trône en ne songeant qu'à celle du bien public. Nous avons applaudi, Messieurs, nous républicains de cœur, au spectacle de cette croissance progressive de la royauté. Nous y avons vu la transformation lente de l'anarchie féodale dans la régularité des institutions modernes. Nous avons suivi avec faveur, dans ses accroissements, cette unité visible de la France, cet homme-nation qu'on appelait le roi, personnification imparfaite et grossière, mais la seule qui fût alors possible, de la puissance complexe et imposante, de la majesté multiple et impérissable que nous appelons aujourd'hui le peuple.

Le peuple, ce souverain des temps modernes, est né sous nos yeux au moyen âge, nous l'avons vu dans la plus humble des conditions. Oh! c'est avec respect que nous avons retrouvé, dans l'enceinte étroite des anciennes villes du Nord, ou sur les sillons ravagés par le cheval de guerre des féroces chevaliers, la trace pieuse de nos humbles ancêtres. D'abord misérables serfs abrutis par la barbarie de leurs maîtres, ils ne réalisaient que trop l'effroyable peinture qu'en a tracée l'un de nos grands écrivains :

« L'on voit, a-t-il osé dire avec une éloquente ironie, certains animaux farouches, des mâles et des femelles, répandus par la campagne, noirs, livides, et tous brûlés du soleil, attachés à la terre qu'ils fouillent avec une opiniâtreté invincible ; ils ont comme une voix articulée, et quand ils se lèvent sur leurs pieds, ils montrent une face humaine, et en effet ils sont des hommes. »

Oh ! oui, Messieurs, ils étaient des hommes, et ils l'ont fait voir maintes fois à leur héroïque courage ! Devant cette *face humaine*, qu'ils ont montrée en se relevant, a plus d'une fois tremblé leur cruel oppresseur. Nous avons tressailli, vous vous le rappelez, d'un frémissement sympathique, quand nous avons vu ce peuple des communes courir aux armes pour revendiquer les plus saints de ses droits ; quand nous avons entendu, à travers les siècles, sonner la cloche du beffroi, bruir les chaînes des barricades, et ces fils de serfs contraindre leurs seigneurs à signer en tremblant la charte de leur liberté.

Le rôle de ce peuple affranchi, quoique secondaire au moyen âge, a été grand déjà. C'est par lui ou avec lui que toutes les grandes choses se sont faites ; c'est lui qui a pris pour ainsi dire par la main les fils assez obscurs d'Hugues Capet, perdus encore dans la foule des grands vassaux, et leur a dit : Sire, montez au trône ! c'est avec lui que Louis le Gros a contenu les Normands, pacifié l'Ile-de-France, guerroyé contre les nobles brigands qui désolaient ses provinces ; c'est par lui que Philippe-Auguste a vaincu à Bouvines et triomphé à la fois de l'Angleterre et de l'Allemagne ; c'est à sa tête que saint Louis a étonné l'Égypte et la Libye par sa bravoure et par sa chrétienne résignation. Ce sera lui qui bientôt, sous les traits d'une jeune bergère de Lorraine, ange de candeur et de bravoure (1), sauvera du joug anglais cette France, que la noblesse féodale abandonne ou trahit. Plus tard enfin, ce sera lui encore, ce sera ce peuple héroïque, qui, développé par le progrès des siècles, et fier d'avoir conquis, une première fois, ce glorieux gouvernement qu'on nomme la République, enfantera

---

(1) **Jeanne d'Arc.**

quatorze armées pour la défendre. — Il la défendrait encore aujourd'hui, s'il le fallait, Messieurs. Il la sauverait de l'ennemi par son courage, si quelque ennemi était assez insensé pour l'attaquer. Oh ! puisse-t-il la défendre, puisse-t-il la sauver aussi par sa sagesse. Jamais son rôle ne fut plus grand. Premier né de la liberté, c'est lui qui porte dans ses mains les destinées du monde ; c'est lui qui fait en ce moment la plus solennelle des épreuves à laquelle l'humanité ait jamais été soumise. L'Europe toute entière a sur lui les yeux, prête à l'imiter avec admiration ou à le maudire avec mépris. Oh ! puisse-t-il ce peuple magnanime prouver aux nations qu'il est digne de leur servir de guide ; et pour ne jamais perdre sa souveraineté, qu'il se souvienne qu'il y a au-dessus de sa tête une légitimité plus auguste encore et plus inviolable que la sienne, l'éternelle légitimité de la raison et de la justice.

Le triomphe du peuple vient de nous entraîner bien loin du moyen âge, Messieurs. C'est que le peuple en effet n'a dans le moyen âge que ses racines ; sa tige et sa cime puissante ne se sont élancées librement que dans les temps plus modernes. Toutefois ne soyons pas injustes envers cet âge dont nous avons étudié ensemble la période de croissance. Il eut bien, nous l'avons vu, sa grandeur et sa poétique beauté. Il sut coordonner tous les éléments divers qui s'agitaient dans le chaos de l'invasion barbare, et les organiser autour d'une seule et auguste idée, la foi catholique. Le catholicisme fut le principe vital du moyen âge, et de même que la vie qui nous anime intérieurement détermine les formes de nos corps et les traits de nos physionomies, ainsi la doctrine catholique s'exprima tout entière au moyen âge dans les mœurs, dans les lois, dans les arts. Le moyen âge fut une théocratie féodale. Vous avez écouté, Messieurs, avec une intelligente curiosité, de nombreux extraits des chroniques qui ressuscitaient devant vous les usages, la vie journalière par laquelle s'exprima cette croyance. Nous vous avons initiés aux chants naïfs et souvent admirables de nos trouvères et de nos troubadours, vous avez même entrevu la grande épopée catholique du poëte florentin Dante Alighieri. Enfin, pour vous montrer la même inspiration dans des œuvres d'art plus saisissables, plus frappantes pour tous, nous vous avons conduits par la pensée devant deux monuments célèbres de l'architecture gothique, qui marquent l'un la naissance, l'autre le point culminant de l'art du moyen âge, Notre-Dame de Paris et la Sainte-Chapelle, l'une du xiie, l'autre du xiiie siècle : la première, solennelle, imposante, un peu massive dans sa majestueuse grandeur ; la seconde, vrai chef-d'œuvre de grâce, d'élégance et de richesse, s'élançant vers le ciel avec une hardiesse sublime, prodiguant les flèches aériennes, les festons, les dentelles de pierre, transformant et spiritualisant la matière pour en faire un emblème du sentiment chrétien. C'est saint Louis, Messieurs, qui fit élever cette chapelle. C'est alors que le moyen âge avait réalisé toute sa pensée, c'est alors qu'il se bâtissait ses plus belles églises. Il eût dit volontiers, comme saint Pierre au Christ sur le Thabor : Il fait bon demeurer ici ; Seigneur, fixons-y nos tentes ! — Messieurs, aucune époque ne peut se perpétuer à jamais, et suspendre le cours des destins de l'humanité. Le moyen âge devait finir, pour faire place à une société plus vraiment chrétienne, c'est-à-dire plus juste, meilleure pour tous. Par quelle succession d'événements s'est accomplie cette décadence féconde qui devait donner lieu à une régénération, c'est ce que nous étudierons dans nos réunions suivantes, si vous voulez bien continuer à m'accorder la bienveillance dont vous m'avez honoré jusqu'ici. De mon côté, j'ose vous promettre toujours le même zèle, toujours la même affection (1).

(1) Le cours d'histoire de France continuera d'avoir lieu tous les vendredis, à 8 heures 30 minutes du soir, dans le grand amphithéâtre que la générosité patriotique de M. Philibert GOMICHON a mis à la disposition de l'ATHÉNÉE POPULAIRE DU 12ᵉ ARRONDISSEMENT, impasse des Vignes, 2 *bis,* en face de la rue du Pot-de-Fer-Saint-Marcel.

ATHÉNÉE POPULAIRE DU XII° ARRONDISSEMENT. — Tous les soirs,
COURS PUBLICS ET GRATUITS POUR LES OUVRIERS,
rue des Postes, impasse des Vignes, 2 bis, en face la rue du Pot-de-Fer-Saint-Marcel.

JOURS.	HEURES.	SUJET DES COURS.	PROFESSEURS.
Lundi.	7 h. 1/2 du soir.	Arithmétique et Système métrique.	M. LAFITTE, professeur.
Id.	8 h. 1/2 du soir.	Grammaire française et Orthographe.	M. DEMARE, chef d'institution.
Mardi.	7 h. 1/2 du soir.	Chimie appliquée aux arts.	M. DORÉ fils, anc. prépar. à l'École Pol.
Id.	8 h. 1/2 du soir.	Histoire naturelle.	M. MASSON, docteur en médecine.
Mercredi.	7 h. 1/2 du soir.	Géométrie appliquée aux arts.	M. MOITIÉ, de Coulommiers, architecte.
Id.	8 h. 1/2 du soir.	Hygiène privée.	M. MORLIÈRE, docteur en médecine.
Jeudi.	7 h. 1/2 du soir.	Arithmétique et Système métrique.	M. LAFITTE, professeur.
Id.	8 h. 1/2 du soir.	Musique chorale.	M. PASTOU, prof. au Cons. nat. de mus.
Vendredi.	8 h. 1/2 du soir.	Histoire de France.	M. DEMOGEOT, agrégé de la Fac. des let., prof. de rhétorique au lycée Monge.
Samedi.	7 h. 1/2 du soir.	Histoire des Institutions politiques.	M. ANTONIN MACÉ, docteur ès lettres, prof. d'histoire au lycée Monge.
Id.	8 h. 1/2 du soir.	Physique expérimentale.	M. ANATOLE DE MOYENCOURT, anc. prof. à l'Athénée national de Paris.
Dimanche.	11 h. du matin.	Comptabilité comm., Tenue des livres.	M. DEMARE, professeur.

Une Société est formée pour la propagation de l'enseignement populaire dans l'arr.
Les personnes qui désireront en faire partie sont priées de s'adresser au secrétariat de l'Athénée, chez M. CLIPET, directeur fondateur, rue Saint-Jacques, 212.

www.ingramcontent.com/pod-product-compliance
Lightning Source LLC
Chambersburg PA
CBHW061017050426
42453CB00009B/1496